Anna Legler-Guc
Maltherapie - Handbuch für Therapeuten

Danksagung

An dieser Stelle möchte ich allen Dank sagen, die zur Entstehung dieses Handbuches beigetragen haben.

Mein besonderer Dank ergeht an Karin Kristof, Gerti Mauch, Mag.Elisabeth Lang, Mag. Susanne Steinmüller und zu guter Letzt an meinen Mann.

Anna Legler - Guc

MALTHERAPIE - HANDBUCH
für
THERAPEUTEN

Autor: Anna Legler-Guc, ECP
Emil Kralik-Gasse 4/6/48
A-1050 Wien
Tel. +43-1-5455335
Fax +43-1-54409155
E-Mail: legler@legler.at
Homepage: www.legler.at

Covergestaltung: Anna Legler-Guc und
DI. Dr. Edgar Legler

Textbearbeitung: Karin Kristof

Buchgestaltung: DI. Dr. Edgar Legler

Herstellung: Books on Demand GmbH

August 2002

ISBN 3-8311-4121-5

INHALTSVERZEICHNIS

VORWORT

Ich wollte mit diesem Handbuch für Maltherapie allen denen, die gerne in ihrer Arbeit malen, kleine Hinweise geben, wie sie die Maltherapie bewusst als kreativ - heilendes Mittel einsetzen können.

Für andere soll es nur eine Information sein, was und wie man mit Maltherapie behandeln kann oder wie man sie einsetzen kann. Für Anfänger ist dieses Buch nicht geeignet und es soll nur von Menschen mit therapeutischer Ausbildung verwendet werden.

Mehr über Farben, Formen und Deutungen werden Sie im nächsten Buch mit Beiträgen von Maltherapeutinnen des Maltherapie-Zentrums und anderer Kunsttherapeuten finden.

Wahrscheinlich werden einige KollegInnen Einwände erheben, dass so ein konkretes Buch nur auf Hinweisen aufbaut. Jedoch kann es auf Grund von Feedback und den Reaktionen unserer Leser immer wieder verbessert und erweitert werden.

Anna Legler-Guc
Wien 2002

MALTHERAPIE

1. EINFÜHRUNG

1.1. WAS IST MALTHERAPIE?

Meinem Verständnis nach ist Maltherapie ein Prozess, in dem sich eigene Erfahrungen durch spontanen Umgang mit Formen und Farben erweitern. Dadurch werden innere Ressourcen zugänglich gemacht und neue Lösungen ermöglicht. Im Prinzip sensibilisiert Maltherapie die Wahrnehmungsfähigkeit durch Gestaltung von Formen und Farben. Dem inneren Erleben wird eine besondere Form der Ausdrucksmöglichkeit eröffnet und verstecktes Kreativitätspotential gefördert.

Die Wirkfaktoren sind:
Therapeutische Beziehungen, Raumgestaltung, Symbole, Formen, Bewusstmachung durch Gespräche und Neugestaltung des Selbst.

Für Menschen, die nicht viel reden oder aus den verschiedensten Gründen Schwierigkeiten mit verbalem Ausdruck und Kommunikation haben, aber auch für andere und speziell für Kinder, eröffnet die Maltherapie eine neue Möglichkeit, ihre Gefühle auszudrücken. Auf diesen Wegen zu neuen Erfahrungen und Erkenntnissen zu gelangen und konstruktive Lösungen zu finden, ist ein äußerst spannender Weg, der oft tiefe Befriedigung mit sich bringt.

1.2. SELBSTERFAHRUNG DURCH MALTHERAPIE

Selbsterfahrung ist wichtig um Verständnis für die Maltherapie zu erlangen.

Maltherapie sensibilisiert die Wahrnehmungsfähigkeit, wodurch der Umgang mit sich selbst und der Umwelt offener wird. Das Erleben von Gefühlen, wie Freude, Trauer, Lust, Frust, Liebe, Hass usw. wird bewusster und dadurch klarer im jeweiligen Zusammenhang. Die freie Gestaltung in Farben und Symbolen ermöglicht neue Ausdrucksformen und zeigt unsere versteckten Blockaden und Wünsche. Ohne viel zu reden führt uns diese „Bildsprache" zu ganz persönlichen Lösungen, die aus dem Selbst erscheinen und Gestalt annehmen. Ein neuer Zugang zur eigenen Kreativität tut sich auf.

RESÜMEE:

Maltherapie eignet sich hervorragend als Ergänzung zu anderen therapeutischen Methoden und kann bei fast allen Klienten und Patienten zur Anwendung kommen. Auch bei gesunden Menschen fördert sie Individuation und Kreativität. In Bildern zeigt sich das Unbewusste in einer für uns erfassbaren Form. Nach entsprechender therapeutischer Deutung wird dieses Bild verändert bzw. neu gestaltet, wodurch auch eine Neugestaltung des Selbst stattfindet. Mit Hilfe weiterer therapeutischer Begleitung wird eine Umsetzung der Erkenntnisse im täglichen Leben ermöglicht. Nehmen Sie an einem Schnupperseminar des „Zentrums für Maltherapie" teil und erleben Sie Malen nicht als Tätigkeit, sondern als Begegnung mit sich selbst.

1.3. WARUM MALTHERAPIE?

Maltherapie ist eine Therapieform, die vielen psychisch kranken Menschen mit einfachen Mitteln Wege eröffnen kann, die der jeweiligen Störung zugrunde liegenden Ereignisse selbst aufzuspüren. In den Zeichnungen und Bildern werden psychische Ereignisse konkretisiert und „sichtbar" gemacht.

Der Einsatz von Maltherapie eröffnet Menschen mit einer Behinderung, autistischen Personen, depressiven Personen, Personen mit traumatischen Erlebnissen etc. und vor allem auch Kindern eine neue Möglichkeit, ihre Gefühle auszudrücken.

Depressiven, chaotischen oder verwirrten Menschen hilft die Maltherapie, das Wesentliche wieder fokussieren zu können.

Schwerkranken Menschen kann die Maltherapie wieder dazu verhelfen, Details wahrzunehmen und damit langsam auch wieder das Lebenswerte am Leben zu erkennen sowie die Krankheit in ihrer Schicksalhaftigkeit annehmen zu lernen (Krebs, Aids, MS).

Menschen, die sehr im Denken verhaftet sind und oft keine Lösungen finden oder Entscheidungen treffen können, hilft die Maltherapie, in nur wenigen Stunden ganz persönliche Lösungswerte zu erkennen.

Maltherapie ist Kreativitätsförderung für jeden Einzelnen – sie ermöglicht den Ausdruck von Gefühlen, die Verbesserung der Wahrnehmung und die Reduzierung auf das Wesentliche.

Wo kann man mit Maltherapie arbeiten?

Krankenhäusern
Rehab-Zentren
Tageszentren
Patienten-Clubs
Psychosozialen Zentren
Nachbarschaftshilfe
(Eigene Praxis)
Künstlerische Werkstätten
(Schulen, Kindergärten)

Literatur: Ingrid RIEDEL „Maltherapie" / Kreuzverlag

Notizen:

I. DAS .AUFDECKENDE

2. DIE EXISTENZ oder DAS EXISTENZIELLE

2.1. VERTRAUEN

Zur Erinnerung noch einmal die Wirkfaktoren der Maltherapie: Therapeutische Beziehung, Raumgestaltung, Symbole, Formen und Bewusstmachung durch therapeutische Gespräche. Im Grunde geht es darum, „DA SEIN" zu können. Alfred Längle hat Viktor Frankls Motivationslehre, deren erste Grundmotivation „DA SEIN" ist, vertieft; um "DA SEIN" zu können braucht der Mensch RAUM für sich und seine Entwicklung.

BILDER mit Patienten und Klienten

- Gibt es einen Ort, wo ich ruhig sein kann, wo ich mich sicher fühle?
- Wo ist mein Platz in meiner Familie, habe ich meinen eigenen Freiraum?

Menschen und Kinder haben oft Angst, auf einem großen leeren Blatt für sich selbst Raum in Anspruch zu nehmen. Sie malen in der Ecke oder am Rande des Blattes. Sie zeichnen ganz kleine Formen, obwohl sie so viel von einer Fläche bzw. einem Raum in Anspruch nehmen könnten. Meistens ist es so, dass sie auch in der Kindheit nicht sehr viel Platz bzw. Raum für ihre Entwicklung zur Verfügung hatten. Solch unsichere Menschen sollten auf kleinen Blättern zu arbeiten beginnen und dann mit der Zeit auf immer größere Blätter umsteigen.

Sie sollen lernen wahrzunehmen, dass es mehr Platz gibt und, dass sie sich diesen Platz auch nehmen dürfen. Sie sollen sich langsam trauen, immer mehr Raum einzunehmen.

Sie sollen lernen, sich auf Neues einzulassen und offener zu sein mit dem, was kommt. Sie sollen bei ihren Formen und Farben verbleiben und nicht flüchten, „ nein, ich kann nicht".

Der Therapeut sollte trotzdem behutsam den Umgang mit der Gestaltung vornehmen, der Klient könnte sonst erschrecken und Ablehnung könnte die Folge sein.

- Man sollte ein Bild malen lassen, in dem der Klient vielleicht einmal erlebte, dass er viel Raum und Platz bekommen hat. Wenn keine solchen Ressourcen da sind, dann wäre es gut, mit Wunsch- bzw. Zukunftsbildern zu arbeiten.

Was wünsche ich mir in Zukunft? In welcher Situation nehme ich Raum in Anspruch, um auf mich zu schauen?

PROZESS:

Der Klient soll sich bewusst werden, dass es doch Situationen gibt, in denen er sich Raum nehmen kann. Durch Zeichnen von Details werden auf der Bewusstseinsebene verschiedene Teilstücke wahrgenommen und diese „Kleinigkeiten" lösen langsam Gefühle aus. Es kommt zu einer Bewegung und die Fantasie wird angeregt. Wie könnte es in Zukunft aussehen? Man kann jetzt sozusagen trainieren, um dann vielleicht den Mut aufzubringen, es konsequent zu verfolgen - das Gefühl wird durchgespielt. Im therapeutischen Gespräch wird dann besprochen, was im schlimmsten Fall mit dem Klienten passieren kann. Wenn etwas wirklich zu schlimm für ihn scheint, es auch aushalten zu lernen. So wird Mut beim Patienten aufgebaut und Hoffnung, dass es kein Weltuntergang ist, falls es nicht funktioniert. Als Folge wird das Vertrauen in sich selbst und die Umwelt gestärkt.

Noch eine wichtige Komponente für das "DA SEIN" ist auch. HALT UND SCHUTZ..Ohne Halt und Schutz sind wir sehr ängstlich, verunsichert und verschlossen.

- Bilder <u>von Personen</u> und Plätzen, wo man Schutz und Halt bekommt.
  Gehen wir achtsam mit diesen Menschen um und wie zeige ich meinen Dank? Welche Strukturen geben mir Halt.? Mehrere Bilder malen.

RESÜMEE:

Bewusst werden. Wo nehme ich mir Platz? Wie viel nehme ich mir von dem, was möglich ist? Habe ich überhaupt einen Ort und Platz, wo ich mich ruhig und sicher fühlen kann? Wo ist mein Platz in der Familie. Habe ich meinen eigenen Raum? Welche Personen geben mir Halt? Brauche ich noch jemanden dazu? Bin ich als Person gezwungen, mich damit auseinander zu setzen? Kleinigkeiten bei Darstellungen wirken auf die Gedanken. Mit den Gedanken kommen Gefühle und wenn wir uns darauf einlassen, ein Bild haben – kommt es zu einem Gefühl von Gerechtigkeit, Ungerechtigkeit, Enge oder Großzügigkeit, angenehm oder unangenehm.??? Genauso funktioniert das mit Halt und Schutz. Wir sehen und fühlen, was wir tun und dadurch wird im Gespräch mit der Maltherapeutin bewusster, dass wir uns gehen lassen, dass wir uns fallen lassen, dass wir uns nicht nehmen, was wir brauchen. Wir brauchen Mut, um Stellung zu Situationen einnehmen zu können, aber es wird uns klar, dass sich nichts ändern wird, wenn wir unsere Verhaltensweisen nicht verändern. Es bleibt wie ein Bild. Man kann auch andere Polaritäten sehen – darüber aber später.

2.2. WERTE

Jeder von uns kennt das Wort WERTE, aber viele verwechseln es mit dem allgemeinen Wert oder ihre Werte sind ihnen nicht bewusst oder sie haben sehr wenige.

Machen sie eine Collage auf einem A3-Blatt mit allen Sachen, die sie anziehend finden; was sie gerne wollen oder was sie gerne machen. Ihre ganz persönlichen Werte – unabhängig davon, was andere darüber denken.

Schreiben sie eine Liste in Großbuchstaben, was für sie allgemein wertvoll ist. Überprüfen sie auch, ob das wirklich ihre Werte sind oder nur zum Teil und der Rest von irgendwoher übernommen ist.

Mit dieser Collage muss sich der Klient oder Patient auseinandersetzen, mit sich selbst und mit seinen eigenen Werten. Er kann sehen, ob er sie lebt oder ob er sie nicht ernst nimmt, ob es nur Wünsche sind oder ob es auch Möglichkeiten gibt, sie zu erreichen. Macht er zu wenig dafür oder sind die Wünsche immer im Rahmen der Unerreichbarkeit. Gibt es ein Defizit an persönlichen Werten, dann hat man das Gefühl, dass das Leben auch keinen Wert hat.

Die Folge sind Depressionen und andere Krankheiten.

Notizen:

PROZESS:

Der Klient oder Patient kann in diesem Kontext erkennen, dass er eigentlich viel mag und zu wenig dafür tut. Und er erwartet von anderen, dass sie ihm die Wünsche erfüllen. Einsicht ist: er soll handeln. Oder der Patient hat alles und macht alles, trotzdem hat das Leben keinen Wert. Das Problem ist, dass er nicht gelernt hat, sich auf etwas einzulassen und deshalb kommt es nicht zur Erfüllung im Leben. Das sollte analysiert werden.

RESÜMEE:

Ich erkenne bewusst kulturelle Werte und meine Familienwerte. Ich setze mich damit auseinander und überprüfe, ob sie für mich passend sind. Sind sie in Ordnung, dann nehme ich sie als meine. Wenn sie für mich nicht in Ordnung sind, dann verabschiede ich mich von diesen Werten und suche mir meine eigenen WERTE.

ACHTUNG: viele Werte sind nur für unsere Eltern wertvoll. Für uns sind sie unbrauchbar, nicht weil sie schlecht sind, sondern weil wir in Opposition zu unseren Eltern gegangen sind. Genau überprüfen!

Notizen:

2.3. DÜRFEN

Wir alle kennen das: "Ich hätte gerne, aber ich traue mich nicht". Oft hätten wir unseren Eltern, oder unseren Lehrern, später unseren Partnern oder Chefs, Freunden und Freundinnen etwas gesagt, was wir ehrlich gemeint haben, aber wir tun es nicht, weil ....

1. wir Angst haben, jemanden zu verletzen
2. die Reaktionen oder Konsequenzen sehr unangenehm sein könnten; also sind wir eigentlich feig. Was uns fehlt, ist der Mut und das „gewusst wie"?

- Man malt Bilder von Situationen und in Sprechblasen schreibt man, was man gerne hätte.
  z.B.: Eine Frau kommt von der Arbeit nach Hause und die Kinder und ihr Mann wollen, dass sie sofort gewisse Dinge erledigt. Von Tag zu Tag und von Jahr zu Jahr wird diese Frau immer nervöser und gereizter. Die Bereitschaft zu streiten wird immer größer.
  Der Text in der Blase wäre: „Liebe Familie, ich weiß, dass ihr mich braucht, aber ich bin zu müde und brauche 20 Minuten für mich, damit ich mich ausruhen kann. Dann bin ich voll für euch da."
  Peter verlangt von Maria, dass sie jeden Tag für ihn kocht. Sie mag aber nicht und es kommt immer öfter zu Streit, weil das für Peter heißt, Maria liebt ihn nicht mehr so wie am Anfang.
  Der Text in der Blase wäre: Lieber Peter, ich weiß, dass du es gerne hättest, dass ich jeden Tag für dich koche, aber das ist mir neben meiner Arbeit einfach zu viel."

RESÜMEE:

Wir nehmen die Bedürfnisse von Anderen wahr. Wir nehmen ihnen die Angst abgelehnt zu werden, wenn wir sagen und zeigen, dass wir sie wertschätzen und es unser Problem ist, dass wir zur Zeit nicht können. Meistens entfällt dann die unangenehme Reaktion und die anderen haben dann bessere Möglichkeiten unsere Anliegen zu sehen und zu verstehen.

Notizen:

2.4. SINNVOLLES

Wir wissen, dass sich manche Leute immer wieder fragen, warum sie leben. Wahrscheinlich hat sich das schon jeder von uns einmal in einer Phase seines Lebens gefragt. Wenn wir aufhören zu fragen, und das Leben nehmen wie es ist, dann sehen wir, dass viele Menschen in gleichen oder ähnlichen Situationen verschieden reagieren. Im Grunde genommen ist es so, dass das Leben fragt: „Was machst du heute?" und wir reagieren entweder unbewusst und antworten oder wir setzen uns bewusst mit der Situation auseinander und entscheiden, was gut für uns ist (nicht zu verwechseln, mit dem, was angenehm für uns ist).

- Ein Bild einer Situation malen, die uns Freude macht: z.B. etwas bestimmtes tun, nichts tun, etwas, das uns gut tut, Freude macht...., und vielleicht machen wir dabei auch für andere etwas Gutes.

- Ein Bild malen, wann, wo und womit ich meine Kreativität zeigen kann.

Unangenehme Situationen, welche besonders schwer zu ertragen sind, ansehen oder aushalten. Sich überlegen, wie könnte ich das aushalten (was muss ich denken, tun, fühlen, um das Beste aus dieser Situation zu machen und sie auszuhalten). z.B.: wenn man Krebs hat, oder in Gefangenschaft war, oder ein Bein bei einem Unfall verloren hat. Vielleicht muss ich eine neue Einstellung zum Leben finden. Eine erfüllte Lebensweise macht jedes Leben sinnvoller.

RESÜMEE:

Wir können Sinnvolles erkennen, wenn wir nicht schuldig gegenüber unserem Gewissen sind (wobei das Gewissen keine Moral hat). Moral bestimmt unsere Kultur und Gesellschaft und manchmal können wir Schuldgefühle anderen gegenüber haben. Aber dennoch, durch Erleben, Kreativität und Einstellung kann unser Leben sinnvoll sein.

Notizen:

3. DAS SYSTEMISCHE

3.1 URSPRUNGSFAMILIE

Unsere Ursprungsfamilie ist ein offenes, geschlossenes oder durchlässiges System. Das heißt, je nachdem wie durchlässig wir waren – werden wir geprägt.

Auch wie viele Geschwister wir hatten, in welcher Reihenfolge wir zur Welt kamen, oder ob wir ein Einzelkind sind, das alles beeinflusst unser Leben, unsere Fähigkeiten und unsere Handlungen.

- Ein Bild zeichnen, wo jedes Familienmitglied in Form von Tieren dargestellt wird. Die Eigenschaften und das Verhalten von Tieren werden sicher sehr ähnlich denen der Menschen, die hier darstellt werden. Auch Verhältnisse zueinander, wie z.B. Distanz und Nähe, kann man gut aus diesem Bild ablesen. Gab es Tendenz zur Flucht, weil es eben zu bedrohlich oder zu eng war? Wo war mein Platz?

- Ein Bild in Form eines Familienkuchens: Wie haben wir ihn damals geteilt, wer hat am meisten bekommen.....?

- Ein Bild mit Bällen malen: Jedes Mitglied ist ein bunter oder einfärbiger Ball in verschiedenen Größen.

RESÜMEE:

Hier wird bewusst, welche Rolle man hatte, warum wir unsere Eigenschaften haben so, wie sie sind und nicht so, wie wir es uns wünschen. Wie viel Platz habe ich mir genommen und wie viel habe ich mir gefallen lassen von anderen, die mit mir schlecht umgegangen sind ? Wie habe ich auf mich geschaut ? Was war ich mir wert ?

3.2 NEGATIVE EREIGNISSE

Negative Ereignisse werden entweder sehr präsent oder sie werden verdrängt. Oft ist es so, dass andere die Situation nicht so erleben oder erlebt haben, aber für uns ist es eben sehr schmerzhaft gewesen. Vielleicht haben wir ein Verhalten eingelernt, welches eigentlich schon lange nicht mehr notwendig ist, aber es hat sich eben verselbständigt. z.B. Wenn der Vater böse war, dann hat er finster geschaut und damit die Kinder bestraft. Das kleine Mädchen hat gelernt, immer vor diesem strafenden Vater Angst zu haben. Später als Erwachsene hat sie auch vor Männern Angst, die so strafend schauen. Aber sie ist schon eine erwachsene Frau (manche sind sogar stärker als ihre Männer) und trotzdem hat sie Angst vor ihnen.

- Ein Bild malen, wo ein negatives Erlebnis sehr stark war.

  Hineinschauen, um zu sehen, ob nicht auch etwas Gutes dabei ist. z.B.: Ich habe mich dann mit meinen Geschwistern besser verstanden, wir haben zusammen gehalten, oder ich habe mehr zu meiner Mutter gehalten oder ich habe gelernt, allein zu sein. War es wirklich so schlimm? Was hätte dir damals geholfen? Wie hättest du dich gefühlt? Was hättest du deinem Vater gesagt. Sag' es jetzt oder schreibe es auf in einer Sprechblase oder einfach in einem Text in ICH-Form. Beschreibe das Gefühl.

RESÜMEE:

Es wird einem bewusst, dass man auf einer Seite Defizite oder Mängel erlebt hat, andererseits wurden andere Fähigkeiten gefördert wie z.B. Kommunikation, das Aushalten einer unangenehmen Situation usw. Im Leben hat immer alles zwei Seiten und das sollte uns aus unserer Vergangenheit bewusst werden. Oft sind die positiven Situationen in den Hintergrund geraten, weil die negativen uns so sehr verletzt haben.

Notizen:

3.3. POSITIVE EREIGNISSE

Manche Menschen glauben, in ihrem Leben war immer alles so schön und positiv, die Kindheit, die Eltern, aber später kommen Probleme und dann ist die Welt böse und sie sind brav, lieb und so arm.

- Ein Bild malen, wo es um eine schöne heile Welt der Familie geht bzw. was sehr gut gefallen hat.
  z.B.: Die Familie sitzt bei einer Jause zusammen auf der Terrasse – es ist ein schöner Tag.
  War wirklich jeder Tag ein schöner Tag?
  Haben Vater und Mutter nie gestritten? Sehr wichtig: Wenn das Kind nie gelernt hat, wie man die Probleme lösen kann, dann kann es das auch später nicht. Wenn die Familie die Probleme unter den Teppich gekehrt hat, machen das die Kinder auch.

- Noch ein Bild malen – ein Bild mit schönen Erinnerungen, aus denen ich Kraft schöpfen kann, wenn ich an diese Situation denke.

RESÜMEE:

Zu sehr behütete Kinder üben nicht Mut zu haben, sind nicht widerstandsfähig (auch Krankheiten gegenüber), können sich im sozialen Umgang mit anderen nicht wehren und passen sich leicht an. Wenn es dann irgendwann zu Ausbrüchen führt, wundern sie sich oder leiden, weil sie sich aus Angst vor Liebesverlust nicht wehren können. Viele neigen auch zu Übergewicht, um sich als Ausgleich einen Raum und Bedeutung zu holen. Es ist trotzdem sehr wichtig, positive Bilder bewusst ins Gedächtnis zu holen, denn sie wirken aufbauend und machen uns bewusst, dass das Leben ein Wechselspiel von schönen und weniger schönen Situationen ist.

4. GLAUBENSSYSTEME

4.1. WERTE

Werte haben wir bei Kapitel 2.2 schon erwähnt, dort ist es um die persönlichen und allgemeinen Werte gegangen.

Hier geht es mehr um bestimmte Werte und ihre Definition. Um leichter kommunizieren zu können muß ich mir darüber klar werden, was diese Werte für andere bedeuten.

Beispiel: Ich glaube, ich bin fleißig.

- Ich male ein Bild bei der Arbeit, mein Mann sitzt und liest eine Zeitung.

  Das heißt für mich, ich arbeite von morgens bis spät abends, laufe den ganzen Tag herum, erledige hunderttausend kleine Dinge und bin stolz auf mich, dass ich das alles schaffe. Mein Mann sitzt und liest Zeitung während ich arbeite. Mein Gefühl dabei ist, dass er nicht arbeitet.

  Aber mein Mann meint, er sei fleißig, weil er in der Firma arbeitet, Geld nach Hause bringt und am Wochenende ein paar Stunden mit den Kindern verbringt.

  Als sich die beiden kennen gelernt haben, waren beide davon überzeugt, fleißige Menschen zu sein und das hat sie auch verbunden. Jetzt beginnt es, sie zu trennen, weil sie glaubt, mehr zu arbeiten und er den angenehmeren Teil habe.

Beispiel: <u>Ich glaube, ich bin eine hässliche Frau.</u>

- Ich male eine kleine hässliche Frau und daneben eine schöne Schwester.

  Hier können wir Anregungen finden, ob jemand diese hässliche Frau auch schön findet. z.B. eine Tante, Freundin oder der Onkel oder in der Kindheit. Hat sie vielleicht bessere Eigenschaften als ihre Schwester? Ist sie geschickter als ihre Schwester oder vielleicht eine bessere Schülerin? Schaut sie sich im Spiegel richtig an? Hat sie vielleicht doch eine schöne Nase oder schöne Lippen

RESÜMEE:

Es ist wichtig, Begriffe zu differenzieren und Gefühle klar von den Eigenschaften zu trennen. Je präziser die Sache erwähnt wird, umso bewusster gehen wir damit um und der Schrecken ist nicht so groß und die Enttäuschung nur mäßig.

Notizen:

4.2 IMMER WENN ....

Immer wiederkehrende Schleifen

Wir kommen immer wieder in Situationen, in denen wir uns vorgenommen haben: „Das passiert mir nie mehr" und doch sind wir voll drinnen.

- Lassen sie ein Bild von dieser Situation malen und machen sie ihrem Klienten bewusst, welchen Werten er „aufgezwungener Weise" nachgegangen ist..Spielen sie mit ihrem Klienten durch, was er alles an Gefühlen bekommen hat und was er an Gefühlen gegeben hat.

- Er soll eine andere Situation malen, wo diese Situation gleiche Werte ohne negativen Nachgeschmack. bekommen könnte

- Mindestens 3 Situationen so durcharbeiten.

RESÜMEE:

Der Klient oder Patient bekommt das Gefühl, dass er die Situation wirklich gestaltet, er lässt sich auf ein Gefühl ein, bleibt nicht nur im Kopf und wird damit vertraut, auch später einmal so handeln zu können.

Notizen:

4.3. ICH DENKE .....

Eines der größten Probleme der Klienten ist, wenn sie nur im Kopf sind und nicht fühlen können, aber sie können nicht fühlen, weil sie im Kopf sind.

Meistens ist es die Angst vor den Gefühlen, ihnen zu begegnen, sich einzulassen und sie auch auszuhalten. Leider ist es so, dass die gleichen Personen von anderen erwarten, dass sie das können, aber so funktioniert das nicht und dann kreisen eben die Gedanken im Kopf und kreisen und kreisen, leiten von den eigenen Wahrnehmungen und von den eigenen Gefühlen ab und man hat nur mehr Angst.

- Malen sie ein Symbol für Ihre Gedanken. Form und Farben können nach Belieben verwendet werden. Welche Gefühle entstehen, wenn sie dann auf das „Schauen", was sie gemalt haben. 5-10 Gefühle beschreiben, assoziieren lassen und der Klient entscheidet, ob das für ihn „gut" ist oder nur angenehm oder unangenehm. Dann könnte ein neues Bild gemalt werden mit neuen Symbolen meiner wirklich guten Gedanken, so wie ich es mir vorstelle und wünsche. Können sie die Gefühle, die bei der Analyse entstehen dann auch „wirklich gut" finden (nicht zu verwechseln mit angenehm) ? Kann ich mich auf das Gefühl auch einlassen und kann ich es auch aushalten.

- Wenn man sich auf das Gefühl nicht einlassen kann und es auch nicht aushält, dann zeichnet man ein neues Bild mit neuen Sachen oder Symbolen, die Kraft und Unterstützung geben können, sich einzulassen und auszuhalten (Bilder aus Vergangenheit oder Zukunft).

5. UMGANG MIT PROBLEMEN

5.1. PASSIVE AGGRESSIVITÄT

Passive Aggression ist oft eine Form bei schüchternen oder abhängigen Menschen, also bei Menschen, die zuviel Angst vor Konsequenzen haben, wenn sie sich offen aggressiv verhalten. z.B. Verlust von Liebe oder Zuneigung, Verschlechterung der eigenen Position, finanzielle Verluste, ausgestoßen werden usw. Aggression ist eine Energie, egal ob sie passiv oder aktiv erlebt wird.

Im passiven Fall kommt sie durch psychisches Unwohlsein zum Ausdruck, wodurch es zu Depressionen, verschiedenen psychischen und psychosomatischen Krankheiten, Selbstschädigung oder sogar zum Suizid kommen kann.

- Bildliche Darstellung so einer Situation. Im Gespräch Möglichkeiten durchspielen, wie man seine Empfindungen ausdrücken könnte und was im schlimmsten Fall passieren könnte. Die angenehmste Lösung als Zukunftsbild malen und dann noch einmal besprechen, um Mut zu tanken.

Die passive Aggressivität ist nach innen gerichtet und nach außen passiv. Diese Aggression ist sehr zerstörerisch. Meiner Meinung nach gehört KREBS auch zu solchen Krankheiten. Aber es ist für mich spürbar, das viele zu sich selbst aggressiv sind, weil sie einfach nicht **richtig** gelebt haben oder nicht richtig leben können; richtig im Sinne von für die Person passend und stimmig.

RESÜMEE:

Wenn sich der Klient oder Patient mit dem Bild auseinandersetzt und verweilt, dabei Gefühle erlebt, erkennt er, dass auch der schlimmste Fall nicht ganz so schlimm ist. Und nach einiger Arbeit, manchmal nach der ersten, trauen sie sich, zu handeln und auch zum Ausdruck zu bringen, was ihnen nicht gefällt.

Notizen:

5.2. AGGRESSIV - AKTIVE AGGRESSIVITÄT

Hier ist auch das Problem der Angst. In diesem Fall leidet die Umwelt mehr als im passiven Fall, allerdings leidet der Patient genauso viel wie im ersten Fall, nur merkt man es ihm weniger an.

- Bild malen mit einer Situation, die mich wirklich aggressiv macht
  Was ist es, wovor ich in dieser Situation Angst bekomme? Diese Angst möchte mich vor etwas schützen– was ist das?
- Male ein konkretes Bild einer Situation, in der ich für mich etwas gut lösen konnte.
  Wie könnte ich eine Situation darstellen, in der ich von jemand in eine widrige Lage gebracht wurde und wie könnte ich mich dabei besser fühlen?

RESÜMEE:
Klient braucht einen Raum, in dem er sich selbst in Begleitung des Therapeuten erfahren kann. Dann kann er selbst entscheiden, welche Möglichkeiten er hat und wo er sich wohl fühlt. Dann erst kann er handeln.
Es ist gut für ihn, weil er nicht seinen Impulsen ausgeliefert ist und auch für andere, weil sie nicht alles über sich ergehen lassen müssen.

5.3. LÖSUNGSORIENTIERT

Wir alle erleben Situationen, die nicht zu verändern sind und wir müssen lernen, mit ihnen zu leben bzw. sie zu ertragen. Wir haben nicht die Macht, die Welt und andere zu verändern, aber wir haben Möglichkeiten, besser für uns zu sorgen, mit Situationen umgehen zu lernen und uns besser ins Leben zu integrieren.

- Klient malt ein Bild mit seinen alltäglichen großen Problemen. Es wird analysiert, wie sich das alles anfühlt und wie unmöglich es ist, etwas zu verändern.

- Klient malt seine Wunschsituation, wie es ihm gut geht, wo er sich wohl fühlt und wie er es genießt. Es wird wieder über die Gefühle und die schöne Wunschsituation gesprochen, und dass es nicht möglich ist, so eine Situation immer zu haben.

- Integration der ersten beiden Bilder, es wird beides auf einem Blatt untergebracht. Das heißt, im Malprozess überlegen wir, wie viel Platz wir dem Problem geben und wie viel Platz und Raum den angenehmen Dingen.

RESÜMEE:

Patient oder Klient erlebt, dass auf einem Blatt nur eine Sache bzw. Situation Platz hat, aber keine andere. Darum ist auch auf einem Blatt diese eine Situation groß und wichtig. Wenn man aber selber eine Lösung am 3. Blatt findet, ist der Patient oder Klient froh, dass er selbst die „tolle" Lösung gefunden hat. Manche Patienten oder Klienten kommen dann nicht mehr, wenn sie das Problem durchschaut haben, weil sie einfach selbst immer kreativ ihr Problem angehen. Manchmal ist es notwendig, unsichere Patienten noch einmal zu überprüfen, ob die Lösung wirklich „gut" ist oder ob man noch etwas verbessern oder bedenken kann. → wieder ein neues Blatt

II. DAS HEILENDE

6. WAHRNEHMEN
BEWUSSTER LEBEN

6.1. WACH, ACHTSAM
(GEWOHNHEITEN ABBAUEN)

Wir haben etwas gelernt und wir sind beim Erlernten geblieben.

Das Leben wird zur Gewohnheit und wir hinterfragen selten unser Tun. Oft haben wir es einfach nur von den Eltern oder aus der Schule übernommen.

Manchmal kommen wir in Situationen, in denen wir versuchen, unseren Standpunkt anderen zu vermitteln und der andere möchte uns seinen Standpunkt klar machen. Es entsteht ein Machtkampf – wer hat recht. Recht hat immer der, der in seinem Leben wach und achtsam ist. Aber der andere hat auch Recht, weil aus seiner Lebensgeschichte diese Meinung so dargestellt wird.

- Bilderserien der Gefühle – welche Wahrnehmung habe ich dabei? Was ist dabei angenehm und was ist für mich nicht angenehm? Gibt es manchmal Situationen, in denen das „nicht Angenehme" auch gut ist und gibt es Situationen, in denen das „Negative" auch angenehm sein kann?

Durch das Wahrnehmen von anderen und sich selbst entstehen neue Erlebnisse und Erfahrungen und in Folge neue Einstellungen.

RESÜMEE:

Der Patient lernt vor allem in der Gruppe, dass die anderen gleiche Gefühle anders darstellen, dass das Gute für andere nicht gut ist und dass das „Schlechte" nicht unbedingt „schlecht" sein muss.

Es ist wichtig wahrzunehmen, ob die Sache an und für sich gut oder schlecht ist, oder vom Kontext abhängig. Ein Wort hat selbst keine wirkliche Bedeutung, erst in bestimmtem Zusammenhang bekommt es Aussagekraft.

Notizen:

6.2. RÜCKMELDUNGEN AKZEPTIEREN

Wir wünschen uns meistens, von den anderen die Wahrheit zu hören, aber die Wahrheit kann auch unangenehm sein und es geht uns oft nicht gut damit.

- Ein Bild malen, auf dem wir in Sprechblasenform mit Leuten sprechen, denen wir uns nicht trauen, etwas zu sagen. In dieser Aktion erlauben wir uns bewusst anderen zu sagen, wie wir uns fühlen. Und wir sind davon überzeugt, dass das auch unser Recht ist.

- Zweites Bild malen. Wir zeichnen Sprechblasen von jenen Leuten, die sagen, was ihnen an uns nicht gefällt. Wir lernen das Gesagte auszuhalten, denn die anderen haben auch ein Recht auszusprechen, was sie denken bzw. fühlen.
Patient oder Klient kann seine Stellungnahme erst später abgeben.

Hier wird demokratisches Denken und sozialer Umgang bewusster gemacht. Nicht nur unsere Rechte werden berücksichtigt, sondern auch die Rechte der anderen werden akzeptiert.

Notizen:

6.3. WO STEHE ICH?
WELT – ICH, WÜNSCHE - REALITÄT

Hier geht es darum eine Situation bzw. die Beziehung zur Welt wirklich darzustellen. Welche Wünsche habe ich und wie sieht die Realität dazu aus?

- Es wird ein Bild mit Symbolen (Kreisen) auf ein A4 - Blatt gezeichnet. Ein Kreis bin Ich und der andere die Umwelt.

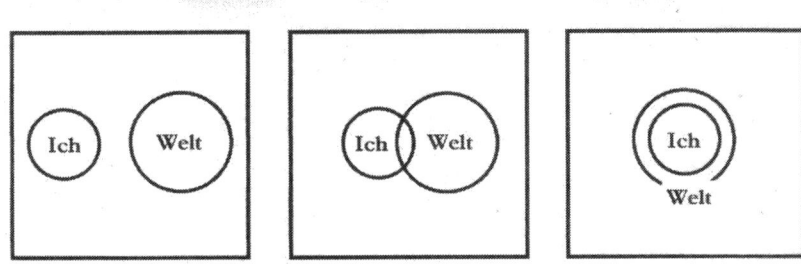

Je nach Position - Raum einnehmend, überschneidend oder einengend wird dem Patienten seine Situation klarer und ob er so leben will oder etwas verändern möchte. Was kann er verändern, wenn die Situation so nicht passt? Welche Vor- und Nachteile ergeben sich aus diesen 3 verschiedenen Bildern.

- Bild: Sich selbst mit einem Symbol am Blatt positionieren. Die Wünsche in Form von Worten in Seifenblasen zeichnen. Ziele mit großen Buchstaben eintragen.
Was muß ich tun, um die Wünsche zu verwirklichen?

RESÜMEE:

Bei dieser Darstellung wird dem Klient/Patient bewusst die Relation von Zielen und Wünschen dargestellt. Im Gespräch muss dann überprüft werden, was wirklich realisierbar ist.

Die Wünsche verleiten zu Passivität, die Ziele zu Aktivität, denn dabei muss gehandelt werden

Notizen:

7. SICH ZEIGEN

7.1. ERLEBNISSE ANALYSIEREN

Hier lernt der Klient bewusster, wie er sich in der Öffentlichkeit zeigen soll – im Vergleich mit den anderen. Jene, die ängstlicher sind, sollten bewusst mehr Platz einnehmen. Und die, die sich immer viel genommen haben, sollten ausprobieren wie es ist, wenn sie ein bisschen kleiner werden bzw. wenn die anderen mehr Platz / Raum bekommen.

- Familienbild – jetzt und von Kindheit - je ein Bild malen
- Familienkuchen – jetzt und von Kindheit - je ein Bild malen
  Vergleich von Bildern: Erst als Kind und dann als Erwachsener
- Welche Vorteile und welche Nachteile gibt es bei beiden Vergleichen? Welche Parallelen gibt es bei den Bildern bzw. mit wem.?
- Aktuelle Erlebnisse malen und vergleichen. Gab es in der Kindheit auch ähnliche Situationen und wer war betroffen.?

RESÜMEE:
Der Klient rückt mehr in die Realität, in dem er bewusst alle Vor- und Nachteile in jeder Situation erfährt und er seine Positionierung, erlebt.

7.2. WAS MÖCHTE ICH AM LIEBSTEN? WAS IST WIRKLICH GUT FÜR MICH?

Ist eigentlich Fortsetzung von Punkt 6.3. Jetzt muss man sich bewusst werden, was angenehm oder sinnvoll ist.

- Bild malen von meinen Wünschen oder Impulsen. Dann wird analysiert, was möglich ist, was ich erreichen kann und was der Preis für die Realisierung meiner Wünsche und was mein Gewinn ist.

- Bild malen, was sinnvoll wäre. Dann wird wieder analysiert, welchen Preis ich dafür zu zahlen habe. Bewußt machen, was mein Gewinn ist.

RESÜMMEE:

Alles im Leben hat seinen Preis und wir können nicht immer die Rosinen herauspicken. Wenn endlich eine Entscheidung getroffen ist, sollten wir handeln ohne nachzudenken „ Was wäre, wenn ...."
Wünsche lassen uns meist in passiver Wartestellung, aber Ziele stimulieren unsere Aktivität. z.B. Wenn Sie sich wünschen, in der Karibik Urlaub zu machen, bleibt das oft nur ein lebenslanger Wunsch. Wenn Sie sich aber klar entscheiden, dann haben Sie ein Ziel und sind „gezwungen" zu handeln, um es zu erreichen.

Notizen:

7.3. STELLUNGNAHME

- Auf einem Blatt werden 2 Situationen dargestellt, eine angenehme und eine unangenehme.
  Wo positioniere ich mich? Wie beurteile ich meine Positionen? Was brauche ich, um dasselbe im wirklichen Leben zu tun? Wie komme ich mit den möglichen Konsequenzen zurecht?

RESÜMEE:

Bei dieser Bildanalyse sieht man plötzlich, ob die Entscheidung stimmig ist oder, ob man auch eine andere Entscheidung treffen kann – aber es sollte auf jeden Fall eine Entscheidung getroffen werden, auch wenn es die Entscheidung ist, sich nicht zu entscheiden. Es muss uns aber trotzdem bewusst sein, dass wir einen Preis zu zahlen haben, wenn wir uns nicht entscheiden. Die Konsequenz ist, dass dann andere entscheiden und nicht wir. Wir zeigen uns nicht als Person. Dadurch geht oft Selbstachtung verloren.

Notizen:

7.4. HANDELN

Nach vorheriger Analyse ist man vielleicht bereit zu handeln.

- Man zeichnet eine Situation für die Zukunft mit einer neuen Lösung oder Einstellung. Vielleicht auch nur die ersten Schritte und dann wird wieder analysiert, welche Empfindungen man hat und wie sich die neue Lage jetzt anfühlt. Wie könnten andere reagieren ?

Wenn man mehrere Möglichkeiten durchgespielt hat, besitzt man mehr Mut, die wirkliche Situation zu inszenieren, weil man keine Angst mehr hat bzw. man bekommt das Gefühl, die Situation im Griff zu haben und man ist sich auch bewusst, was alles passieren kann.

RESÜMMEE:

Auch Erfahrungen in sogenannten „so tun als ob" Situationen spielen eine große Rolle. Sie können Mut geben und Mut ist das Sprungbrett zum Handeln.

- *Analyse einer Situation*
- *Mehrere mögliche Lösungen*
- *Plus und Minus der Lösungen*
- *Entscheidung treffen - Ziel formuliern*
- *Handeln (vielleicht in kleinen erreichbaren Zielschritten)*

Notizen:

8. SELBSTAKZEPTANZ
SELBSTACHTUNG

Nur wenn wir uns mit allen positiven und negativen Eigenschaften akzeptieren, ist eine gewisse Liebe zu uns selbst möglich. Wenn wir dann auch noch so handeln, wie wir es vor hatten und uns treu sind, dann haben wir auch Achtung vor uns.

- Bild malen mit einer meiner ungeliebten Eigenschaften, Wie geht es mir damit? Hat diese „negative" Eigenschaften nicht auch etwas Gutes?
- Bild malen mit einer meiner Eigenschaften, die ich sehr gut finde. Hat diese Eigenschaft auch Nachteile? Habe ich das bis jetzt auch wahrgenommen?

RESÜMMEE:

Wir sind nicht vollkommen, wir sind „nur" Menschen. Wir haben keine Möglichkeit, die Welt zu gestalten und zu beherrschen. Wir haben „nur" die Aufgabe, in dieser Welt leben zu lernen bzw. uns selbst und andere unvollkommene Wesen zu akzeptieren.

Notizen:

8.1. AUSWEICHMANÖVER

Wir versuchen immer wieder, irgendwelche Hintertürchen offen zu halten. Wir reden uns aus Situationen heraus und verleugnen diese.

- Ein Bild malen mit einer Situation, die uns sehr unangenehm ist oder vor der wir uns immer drücken.
  Was ist uns wirklich unangenehm?
  Wovor haben wir Angst?
  Können wir zu unseren Ängsten stehen?

RESÜMMEE:

Wenn wir uns bewusst Situationen ansehen, dann erkennen wir, dass es auch die Möglichkeit der Wahl gibt. Es steht uns aber auch die Möglichkeit zu, unsere Meinung zu ändern.

Wir neigen dazu das Angenehmere zu wählen, wobei sich später zeigt, dass ein hoher Preis zu zahlen ist.

Wenn Angst und Bequemlichkeit die Basis für eine Entscheidung sind, sollten wir die Situation besonders genau überprüfen.

- *Denn Angst macht uns nicht nur vorsichtig, sondern kann auch unsere Handlungsfähigkeit blockieren.*
- *Denn Bequemlichkeit verleitet uns, immer den angenehmeren Weg zu suchen, wobei das nicht immer auch gut ist.*

Notizen:

8.2. SELBSTVERANTWORTUNG (ANSTRENGUNGEN)

Oft erfüllen wir lästige Pflichten, weil wir kein Gefühl dafür haben, ob diese in unserer Verantwortung liegen. Wir glauben einfach, es tun zu müssen.

- Ein Bild malen, wo ich etwas erledigen muss, dass ich aber nicht gerne mache. z.B. zusammenräumen, aufstehen, usw. Wir neigen leider immer zum Angenehmen und drücken uns vor Verantwortung
  Bild analysieren – wie geht es mir, wenn es unordentlich ist, wie viel halte ich aus, was denken und sagen die anderen, möchte ich das alles aushalten? Was möchte ich konkret und wie soll das alles aussehen? Was muss ich dafür tun, dass es so bleibt. Damit habe ich Verantwortung übernommen. Der Preis dafür ist, dass ich auch manche Dinge erledigen muss, die mir unangenehm sind, aber sie dienen einer Sache, wofür ich Verantwortung übernommen habe.

RESÜMMEE:

Oft haben wir mit Menschen zu tun, die ihren Pflichten nicht nachkommen, die z.B. etwas nicht tun, was sie zugesagt haben. Es liegt am Verantwortungsgefühl, aber das ist ein eigenes Thema.

Wir alle wollen bei Entscheidungen integriert und nicht nur Befehlsausführer sein.

Andererseits ist es oft so, dass wir unbewusst Entscheidungen treffen und uns sagen, wir müssen dies und jenes tun als Folge dieser Entscheidungen. Erst durch bewusst machen, dass etwas unsere freie Entscheidung ist, fällt uns das Akzeptieren leichter. z.B. Ich muß arbeiten gehen (um kein Sozialfall zu werden)

8.3. SELBSTBEHAUPTUNG (WÜNSCHE UND ANSPRÜCHE DURCHSETZEN)

Angst und immer wieder Angst vor unangenehmen Reaktionen, vor Konsequenzen, welche ich tragen muss und davor, was die anderen über mich denken, usw.

- Bild aus der Vergangenheit malen, wo ich eine Situation erlebt habe, in der ich mich gut und mit Erfolg selbst behauptet habe, in der ich die Angst aushielt vor dem, was passieren könnte und es doch „gut" für mich war (gut bedeutet nicht immer angenehm).

RESÜMMEE:
Durch solche Bilder werden Ressourcen und Bewusstsein aktiviert, welche die Reaktionen tragbarer machen.
Wenn Menschen sagen, sie könnten solche Erfahrungen nicht machen, dann sollten sie ein Bild mit einer „Wunschsitutation" malen, in der sie es können.

- Zukunftsbild malen mit einer bestimmten Situation, wo ich mich durchsetzen möchte.
  Wie sieht das aus? Was fühle ich? Wie reagieren die anderen? Was passiert im schlimmsten Fall? Kann ich das aushalten?

Notizen:

III. KANALISIEREN ODER LÖSUNGSORIENTIERT

9. POSITIVE ZIELE FORMULIEREN

9.1. STÄNDIGE AUSREDEN -„SCHICKSAL"

Viele pflegen zu sagen: „ Das Schicksal wollte es so". Im Grunde genommen wissen wir, dass das nicht ganz so ist, denn die anderen haben auch Schicksale aber können vielleicht besser damit umgehen. Und genau darum geht es – damit umgehen zu lernen.

- Malen sie ein Bild von einer „Schicksalssituation"
  Gab es auch andere Möglichkeiten zu handeln?
  Haben sie positive und negative Möglichkeiten bedacht?
  Haben sie die Konsequenzen bedacht?
  Haben sie damals nach bestem Wissen und Gewissen gehandelt?
  Wie werden sie in Zukunft in einer ähnlichen Situation handeln?

z.B. Krieg ist ein Schicksal. Ich habe aber die Möglichkeit zu handeln.

a) In den Krieg zu gehen, um für mein Vaterland zu kämpfen
b) Ins Ausland zu gehen, um dort ein Fremder zu sein ohne Freunde und Verwandte, aber in Sicherheit.
c) Im Land zu bleiben, alles zu ignorieren und vielleicht für meine Eltern zu sorgen.

Wie sich jemand entscheidet, ist seine ganz persönliche Wahl und Handlung und es muss ihm bewusst sein, welche positive und negative Konsequenz jede dieser Handlungen hat. Ich muss dann auch die Folgen dieser Entscheidung, die ich getroffen habe, tragen. Es gibt dann kein Zurückschauen – „Was wäre wenn ...."

Es geht im Leben nicht um Fragen, wieso das Schicksal so ist, sondern es ist so und fragt mich, was ich in dieser Situation zu tun gedenke. Wie antworte ich dem Leben?

Notizen:

9.2. HINDERNISSE

Es ist wichtig, meine Ziele zu besprechen, die ich bis jetzt nicht erreicht habe. Oft ist es nicht sichtbar, dass wir einfach keinen Preis dafür zahlen wollen, aber somit ist es dann kein Ziel mehr, sondern nur ein Wunsch.

- Wenn ein Hindernis zu groß ist, lassen sie wieder Bilder mit Symbolen malen.

Beim Zeichnen und Malen wird dem Klienten bewusster, ob er das wirklich so empfindet oder es nur Gedanken sind. Er bekommt die Möglichkeit, sich ganz genau mit den Details auseinander zu setzen, um zu sehen, ob sich hier wirklich ein „Hindernis" befindet. Oder es ist dem Klienten bewusst, was im schlimmsten Fall passieren könnte. Doch die Angst wird weniger, weil er erkennt, dass es doch zumutbar ist . Er kann das Ziel doch erreichen, wenn er bereit ist, den Preis dafür zu zahlen.

Der Preis ist der Verzicht auf etwas, das er auch gerne hätte, aber das Ziel hat doch Priorität. z.B.: Ein Student studiert, um den Doktortitel zu bekommen. Den Preis, den er dafür zu zahlen hat, ist zu lernen, viele Jahre mit wenig Geld auszukommen, sich nicht einfach alles leisten zu können, was sich eine andere Person, die eine abgeschlossene Berufsausbildung hat, leisten kann. Allerdings später hat der Träger des Doktortitels mehrere Möglichkeiten durch eine bessere Position mehr Geld zu verdienen.

9.3. RESSOURCEN

Welche Ressourcen brauche ich konkret um meine Ziele zu erreichen. Und habe ich diese ?

- Ein Bild malen, wo sie etwas sehr gut gemacht haben. Analysieren sie, was sie dabei gefühlt und gedacht haben.
- Ein Bild malen, wo sie etwas trotz Widerstand der anderen durchgesetzt haben.
- Ein Bild malen, wo sie sich ein Ziel gesetzt und dieses auch erreicht haben.
- Ein Bild malen, wo sie sich etwas gewünscht haben, aber keinen Mut hatten es zu tun, sich dann aber doch überwunden haben, es geschafft haben und dann sehr stolz auf sich waren.

Mit diesen Bilden werden den Patienten wieder alle Ressourcen bewusst. Mit dem Malen müssen sie sich Zeit nehmen. Die Erinnerung wirkt dann sehr stark und den Menschen wird das Gefühl von Erfolg wieder bewusst. Das gibt ihnen wieder mehr Mut und Hoffnung, um die Sache in Angriff zu nehmen. Wenn zum Erreichen eines Zieles bestimmte Möglichkeiten fehlen, muss man überprüfen, ob andere Ressourcen dafür einsetzbar sind. Andernfalls stellt man fest, dass das Ziel nicht erreichbar ist.

9.4. KRÄFTE FÜR ZIELE EINSETZEN

Viele Wünsche werden einfach nicht erfüllt, weil sie keine Ziele geworden sind. z.B.: Fast jeder von uns wünscht sich, viel Geld zu besitzen. Es haben aber nur die Geld, die es sich als Ziel gesetzt haben, viel Geld zu besitzen. Bei den anderen ist es nur ein Wunsch geblieben. Andere wieder haben sich konkret ein Ziel gesetzt, aber eine falsche Strategie bzw. Umsetzung angewandt.

- Bild – Ein erreichbares Ziel malen bzw. darstellen mit allem, was dazu gehört.
- Bilderserie 1 – 3, welche Möglichkeiten habe ich, um das Ziel zu erreichen.

Klare Ziele ermöglichen es, dass wir uns, nach dem wir Möglichkeiten gefunden haben, gezielt auf das Wesentliche konzentrieren können. Wir verlieren keine Zeit damit, nach Gründen zu suchen, alles zu hinterfragen, Unsicherheit aufkommen zu lassen oder sich von anderen beeinflussen zu lassen, etc.

Gefährliche Fragen sind zum Beispiel: „Was wäre, wenn ich mich für die andere Möglichkeit entschieden hätte?". Die meisten Entscheidungen treffen wir im Glauben, dass es das Beste für uns sei. Wenn es aber zu großen Widerständen von innen kommt, ist es notwendig, eine Überprüfung vorzunehmen – das ist im Kapitel 9.2 beschrieben.

10. KREATIVITÄTSFÖRDERUNG

Viele Menschen glauben, wenig kreativ zu sein. Bei vielen trifft das auch zu, aber das heißt noch lange nicht, dass Kreativität nicht erlernbar ist. Mit dem Glaubenssystem „Ich bin nicht kreativ" kann man nicht wirklich kreativ sein.

Kreativität ist erlernbar, man muss sich nur Zeit zum Üben nehmen.

- Malen Sie nur eine Blume
- Jetzt malen Sie eine Blume in einer Vase
- Als Drittes malen Sie eine Blume in einer Vase, die auf einem Möbel steht oder einen Hintergrund hat.
- Dann versuchen Sie noch eine Serie zu malen, aber mit einer anderen Blume, einer anderen Vase und einem anderen Hintergrund.

  Ist das Bild gleich? Nein! Das sind kleine Schritte zur Kreativität.

RESÜMMEE:

Jeden Tag eine Kleinigkeit ein wenig anders machen, vor allem dann, wenn es schon langweilig ist. Wenn Sie sich darauf einlassen, werden Sie sich wundern, was man alles machen kann und noch Spass dabei hat.

10.1. DAS INNERE ZULASSEN

Sich täglich ein paar Minuten Zeit nehmen und zulassen, was jetzt kommt. Dann auf mehrere Minuten steigern – bis 20 Minuten. Kreativität ist schon, dass sie 20 Minuten dafür erübrigen können. Falls sie zuviel Zeit haben, können sie sich in diesen 20 Minuten etwas anderes erlauben. Gönnen sie sich etwas Besonderes – etwas, das sie noch nie getan haben.

- Bild malen – auf eigene Gefühle schauen – dann Gedanken kommen lassen – dann malen. Sich nicht durch Glaubenssysteme, wie - das ist nicht schön, das kann ich nicht oder das darf ich nicht-, bremsen lassen. Was werden die anderen sagen oder denken, werden sie mich deswegen verurteilen?

Motto ist: Ich darf malen, egal wie es aussieht

Ich darf malen, weil ich einfach einen Pinsel oder Bleistift über das Blatt führe.
Ich kann und darf alles malen, um zu sehen, was dabei heraus kommt.

Ich darf alles, was aus mir herauskommt, am Papier verfolgen und es passiert mir nichts.

Ich halte schon aus, was die anderen sagen, falls überhaupt etwas gesagt wird; es ist ein Teil von mir.

10.2. DAS SPONTANE ZULASSEN

Es geht nicht um die Spontaneität, die ihnen leicht fällt. Es geht um jene Spontaneität, bei der sie Hemmungen haben, einmal etwas anderes zu machen. Im täglichen Leben können sie das öfters ausprobieren. z.B. etwas anziehen, jemanden anlächeln, jemanden etwas Nettes sagen, jemanden sagen, was ihnen auf die Nerven geht. Da brauchen Sie auch Zeit, um dem Impuls nachzugehen zu üben. z.B.: Jetzt möchte ich ins Kino gehen oder ähnliches. Es ist wichtig zu unterscheiden, das für jene Menschen, die nach Lust und Laune leben, das umgekehrte gilt. Sie müssen lernen zu planen, gezielt etwas zu unternehmen und Ordnung in ihr Leben bringen. Nur das richtige Verhältnis (für jeden ist das anders) kann eine Befriedigung ins Leben bringen.

- Bild malen mit Musik: Ich male, was mir einfällt, lasse mich von der Musik einfach inspirieren.
- Bild malen mit dem Begriff Baum: Ich male ein Bild, was mir alles zu dem Wort Baum einfällt. Entweder mit Symbolen oder wirklichen Gegenständen z.B. Blatt, Stamm, Blätter, Sägemaschine, Möbelfabrik, Bücher usw.

Am Anfang sind diese Übungen für manche sehr mühsam, für andere wieder zu langweilig. Aber wenn man mit anderen vergleicht, sieht man, dass allen ganz unterschiedliche Sachen eingefallen sind. Da sind Möglichkeiten dabei, die uns nicht eingefallen sind und darauf kommt es an. Es sollten uns Dinge einfallen, die nicht nur von uns kommen, sondern wir werden von anderen, durch andere, wie auch von Gegenständen und durch verschiedene Situationen inspiriert.

10.3. IN BEGRENZTEM GRENZENLOS SEIN

Wir leben in einer Gesellschaft, in der es einfach Zwänge gibt und diese müssen wir akzeptieren, wenn wir ein Mitglied dieser Gesellschaft bleiben wollen bzw. keine Außenseiter sein wollen. Wir haben uns selbst dafür entschieden und der Preis ist, eben in vielen Bereichen unter bestimmten Regeln leben zu müssen. Es sollte uns klar sein, dass uns die Gesellschaft nicht dazu zwingt, sondern es ist unsere freie Entscheidung. Die Leute, die das nicht wollen, sind entweder in Krankheiten geflüchtet oder sie haben sich auf irgendeine andere Art abgegrenzt oder isoliert. Natürlich gibt es auch andere Fälle, die ich jetzt nicht erwähnen möchte, darüber wird dann ausführlich im 2. Buch geschrieben.

- Bild: stellen sie sich vor, sie wären 1 Jahr lang in einem Gefängnis eingesperrt. Was könnten sie alles machen, um sich doch frei und so gut wie möglich zu fühlen?
- Bild: stellen sie sich vor, sie leben auf einer Insel (so wie Robinson Crusoe). Wie könnten sie sich frei fühlen?

Das schlimmste in diesen Bildern sollte man kompensieren und neue Freiheiten zulassen. Unser größtes Gut ist zu denken und zu hoffen. Egal wo wir sind und in welcher Situation wir uns befinden, können wir unser Bewusstsein einsetzen (solange man im bewussten Zustand ist). Viele große Ideen, große Menschen oder große Werke wurden in einer Situation aus Ohnmacht geboren und geschaffen. In der Ohnmacht werden Situationen sehr begrenzt aber intensiv erlebt. Auf den ersten Blick hat man das Gefühl, dass es keine Lösung oder keinen Ausweg gibt.

Wenn man sich auf eine Situation einlässt, dann kommen wir auf den Boden und dieser Boden gibt uns das Gefühl, dass wir uns bewegen können. Hier zeigt sich für uns die Möglichkeit, was wir jetzt tun könnten. Künstler machen große Werke, Wissenschaftler kommen auf die erstaunlichsten Erkenntnisse. Viele Menschen haben Visionen, sie wechseln ihre Einstellung zum Leben und verändern ihre Situation bzw. ihren Lebensstil.

Ein Inhaftierter hat mir einmal gesagt, seit dem er im Gefängnis sei, fühle er sich frei. Damals, vor 20 Jahren, habe ich mich vergeblich bemüht, das wirklich zu verstehen– heute verstehe ich das.

Viele Leute leben in sogenannter Freiheit und sind überhaupt nicht frei. Sie sind Sklaven ihrer Gefühle. Sie können nicht handeln, weil es zu viele Angebote gibt und sie nicht wissen, was sie wirklich wollen. Viele laufen Dingen nach, die sie dann nicht genießen können, weil es einfach immer mehr Angebote gibt, jedoch weniger Zeit, und sie können sich nicht entscheiden, was sie wollen.

Psychotherapie als Reaktion auf den Esoterikboom. Psychotherapie als Wahl, um sich selbst zu finden und stärken. Neue Orientierungen finden – die sogenannte zweite Geburt einer Person und viele andere kreative Angebote, bei denen man Kontakt mit sich SELBST erlernt und übt, ermöglicht uns, unsere Grenzen besser wahrzunehmen.

SICH ZEIT ZU NEHMEN IST MEHR und nicht WENIGER.

10.4. MUT HABEN, SICH ZU ZEIGEN

Mut, wenn man keinen hat, muss man täglich mit Kleinigkeiten üben, um dann Mut zu haben für wichtige Sachen.

- Eine Schuhschachtel aussuchen und dann mit ausgeschnittenen Bildern aus Zeitungen, Zeitschriften bekleben. Sie benötigen dazu ca. 3 Stunden.

  Diese Schachtel präsentiert von außen, wie ich mich für andere darzustellen glaube und wie ich denke, dass mich andere erleben.

  Das Innere der Schachtel ist mein verstecktes Inneres, das den anderen nicht gezeigt wird.

  Zeigen Sie anderen die Schachtel und lassen Sie sich deren Empfindungen beim Betrachten der Schachtel schildern. Es ist sehr spannend, was die anderen dabei erleben und wie sie es erleben.

  Haben sie beim Herstellen der Schachtel auch wirklich alles bedacht und dargestellt? Haben sie außen nur schöne Eigenschaften zum Ausdruck gebracht oder durften die anderen auch ihre nicht vollkommenen Seiten sehen?

Wie machen sie sich bemerkbar?

harmonisch	auf sich bezogen
überfüllt	Platz für andere
geordnet	chaotisch
niedlich	streng

Bewahren sie die Schachtel auf und schauen sie diese nach einem Jahr wieder an. Passt sie noch oder wie würde ihre Schachtel jetzt aussehen?

- Machen sie noch einmal eine Schachtel, um zu erleben, wie sie sich jetzt wahrnehmen bzw. wie sie andere wahrnehmen.

RESÜMMEE:
Wir brauchen Mut, um uns zu zeigen. Es ist Erfahrung notwendig, um ein Gefühl dafür zu bekommen, was angemessen ist und was nicht.
Angst ist dabei kein guter Berater, aber wir müssen lernen, mit ihr umzugehen .

Bis mein nächstes Buch erscheint, wünsche ich ihnen viel Spaß beim praktischen ausprobieren meines Buches. Schreiben sie mir ihre Erfahrungen und geben sie konstruktive Kritik ab, damit ich das auch berücksichtigen kann. Dafür bekommen sie ein kleines Dankeschön.

Ihre Anna Legler-Guc

BEISPIELE

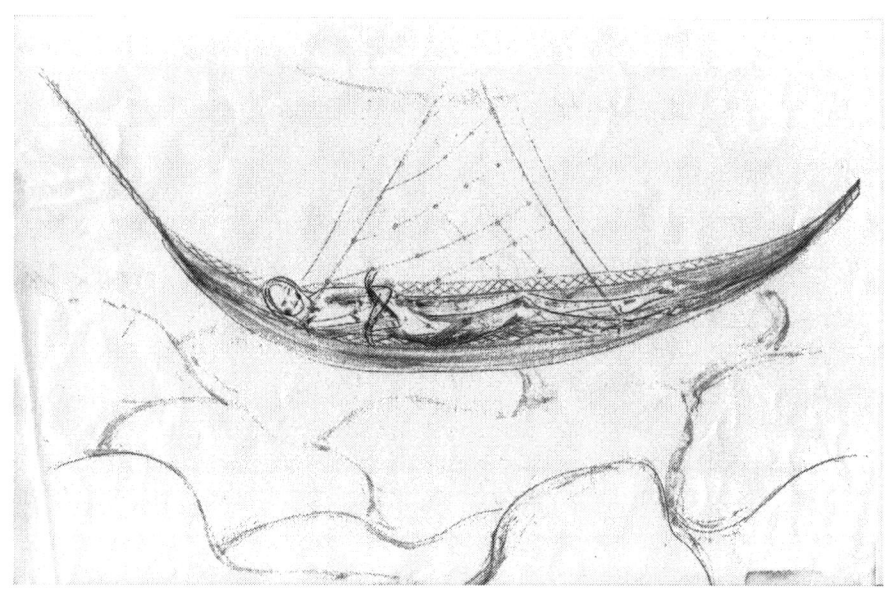

1. VERTRAUEN

Problem: Eine Psychologin unternimmt viel, kommt ins Schleudern mit allem, weil sie mit Mann, Kindern, Arbeit und Hobby, wo sie aktiv Sport betreibt, überfordert ist.

Bild: Sie hat zu viel Vertrauen in die Welt und in sich selbst und wird eingebettet in eine Pseudosicherheit. Das Netz ist im Himmel nirgends befestigt, schwebt über den Wolken und hat keinen Kontakt zur Erde. Sie schätzt die Realität zu positiv, aber nicht richtig ein.

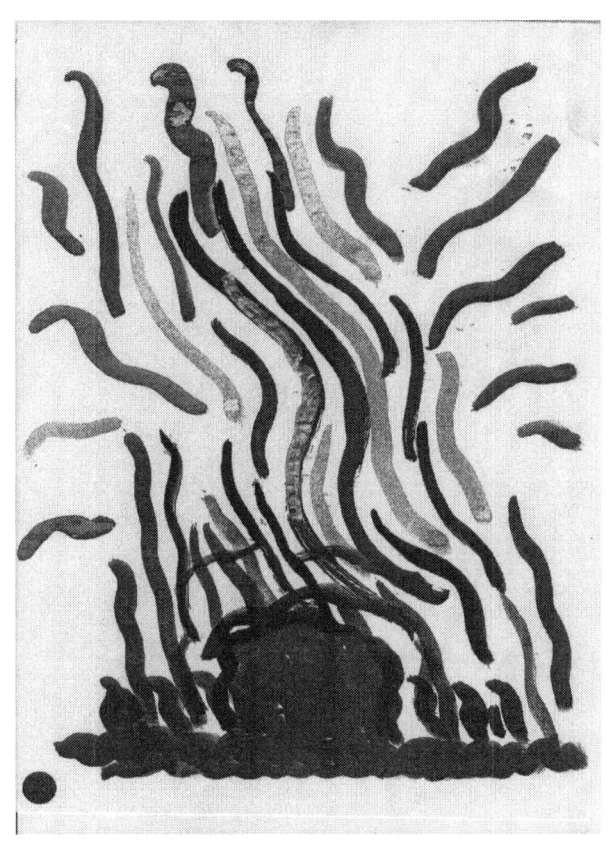

2. ANGST

Problem: Ein Bankangestellter fühlt sich nicht wohl. Er möchte nicht arbeiten und glaubt, dass er in der Firma Mobbing ausgesetzt ist.

Bild: Er zeigt unbewusst Aggressionen, versucht sie aber zu verstecken und zu kontrollieren, so dass es zu keiner Explosion kommt. Mit silbernen und goldenen Farben verschönert er diesen Zustand. In Wirklichkeit ist er unzufrieden mit seinem „nicht gelebten Leben" und möchte ausbrechen aus dieser Scheinwelt.

3. DAS IST SCHÖN

Problem: Die 7-jährige Danijela ist abwechselnd depressiv, zu ruhig, zu traurig und redet mit niemandem. Die Eltern haben sich getrennt, weil der Vater - denn er war ja der Böse - gegenüber Mutter und Kind gewalttätig war. Sie ist nicht traurig, weil der Vater nicht da ist.
Bild: In Danijelas Unterbewusstsein ist immer noch ein Bild des Vaters, der Mutter und von ihr selbst aus glücklicheren Zeiten. Sie hat <u>Sehnsucht</u> nach diesem Bild des Vaters und nach dem glücklichen Familienleben.

4. REDUKTION - FOKUSSIERUNG

Problem: Diese Patientin hat das Gefühl, von allen bemuttert zu werden. Sie kommt aus einer großen Familie mit 6 Kindern. Sie glaubt, dass die Familie unmöglich ist und dass sie sich bei jedem für alles, was sie tut, rechtfertigen muß.

Bild: Sie soll ganz bewusst auf die eigenen Wurzeln schauen. Sie liegt am Boden und schläft sehr ruhig und entspannt, weil sie sich an den Wurzeln festhält. Die anderen bewegen sich im Untergrund und sorgen dafür, dass sich die Früchte sowohl über als auch unter der Erde entwickeln. Es wird ihr bewusst, das man sich auf Familie und Wurzeln verlassen kann. Man hat Unterstützung und kann auch ausruhen.

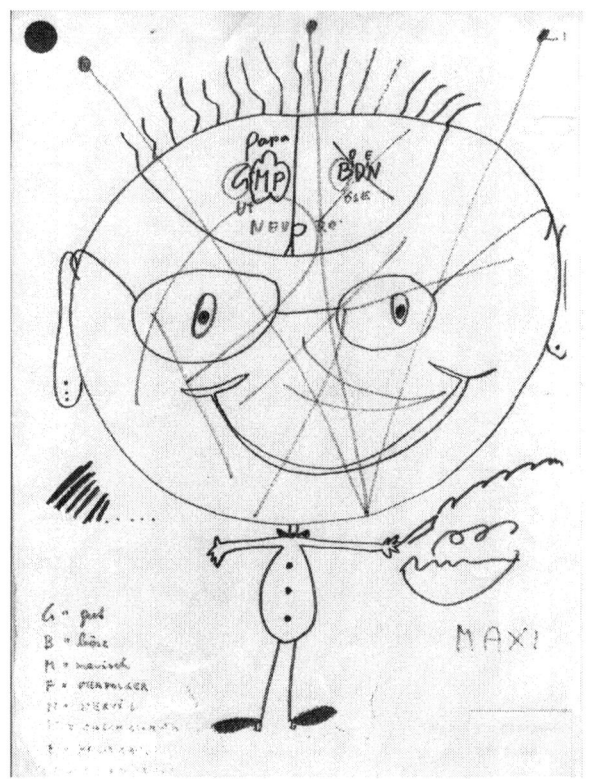

5.REDUKTION

Problem: Eine 45-jährigePatientin, hat immer wieder manische Zustände und beschwert sich über das daraus resultierende Chaos. **Bild:** Die Patientin zeichnet gern das Bild von Maxi bzw. vom Chaos. Mit Konzentration auf das Bild und die Situation wurde ihr bewusst, wie lustvoll ihr Zustand in dieser Situation ist und sie sich deshalb immer wieder diese manischen Zustände schafft. Sie darf endlich SEIN mit allen ihren Anteilen, aber nur in diesem Zustand. Wo und wann könnte sie diese Anteile bewusst leben?

6. REDUKTION

Problem: Die Patientin ist ca. 50 Jahre alt und befindet sich in psychiatrischer Behandlung. Sie lebt allein, ist einsam und kommt wegen ihrer Depressionen immer wieder auf die Psychiatrie.

Bild: Die Patientin zeichnet sich als kleines Mädchen. Ihr Blick ist auf die Vergangenheit gerichtet, wo sie noch klein war , zur Schule ging und sich alle um sie kümmerten. Sie ist fokussiert auf Zuwendung, Wärme und Fürsorge. Ihr ist aufgefallen, dass die gleichen Gefühle aufkommen, wenn sie im Krankenhaus ist. Sie fühlt sich geborgen wie zu Hause. Sie meint im Spaß, das sei ihr zweites Heim.

Hinweis: Hier wird solange auf Aussage und Gefühl fokussiert, bis der Patient für sich selbst erkennt, wozu diese Situation für ihn gut ist. Die Lösung sucht er sich selbst im praktischen Leben.

Lösungsorientiert

Beschreibung auf der nächsten Seite

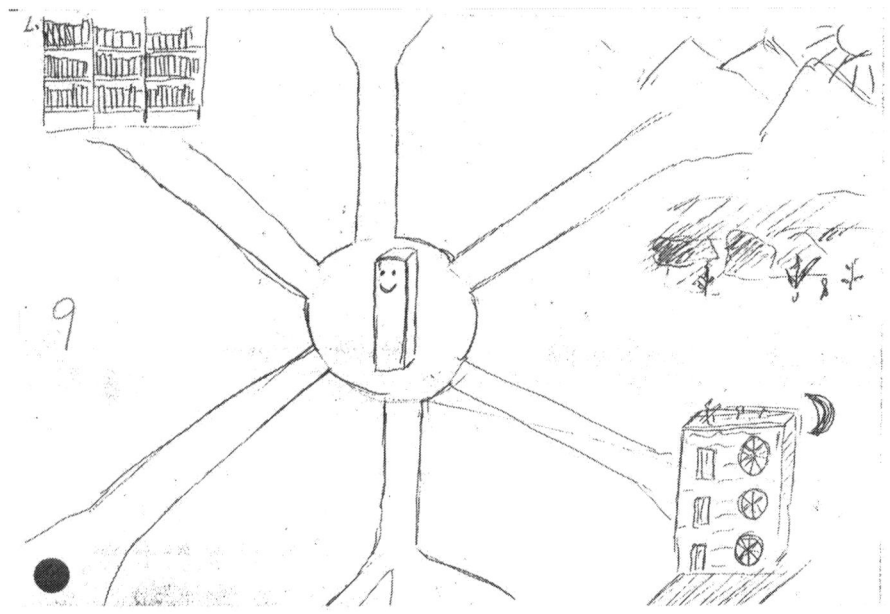

Problem: Eine Lehrerin ist permanent in irgend ein Problem verwickelt, sowohl in der Schule, wo sie arbeitet, als auch zu Hause.

Bild 7: Sie ist ein Knäuel und befindet sich in einem Labyrinth von Problemen ohne einen für sie sichtbaren Ausgang.

Bild 8: Das ist eine Situation, wo es ihr sehr gut geht im Leben. Natur, Schönheit, Erholung, Freiheit und Weite.

Bild 9: Aus dem Knäuel ist ein offener Platz geworden, wo sie lachend steht und Bescheid weiß, dass es immer Möglichkeiten gibt, sich für jede Situation einen Weg bewusst zu wählen.

Die Lösung ist, auf einem Blatt, sowohl für die schönen als auch die problematischen Seiten des Lebens, Platz und Raum zu geben. Das Leben ist eine Kombination von beidem und ich kann bestimmen, wieviel Raum ich jeder Seite gebe.

Anna Legler-Guc, ECP Jg. 1950

Zuerst 10 Jahre in einem technischen Beruf tätig. Mit 30 Wechsel ins psychosoziale Aufgabengebiet. 11 Jahre lang Engagement in diversen Institutionen .
Seit 1993 in freier Praxis tätig und Arbeit auch für verschiedene Institutionen und Projekte.

Leiterin: des Privatinstitutes KLARE SICHT und
                des ZENTRUMS für MALTHERAPIE

Tätigkeiten: Psychotherapeutin
                Supervisorin
                Coach
                Ausbilderin für Maltherapie
                Öffentlichkeitsarbeit (Kongresse, Tagungen)

Methoden: Systemische Familientherapie
                Existenzanalyse
                Maltherapie
                Psychodrama
                NLP

In ihrer Arbeit versucht sie, Menschen als ganzes zu sehen und verschiedenste Methoden einzusetzen, die gerade passend sind.

Arbeit: mit Kindern, Jugendlichen und Erwachsenen

Neues Buch: gerade in Arbeit ein autobiographisches Werk
                „Vom WERDEN zum SEIN",
                der Lebensweg einer Frau und Psychotherapeutin.

Adresse: A-1050 Wien, Emil Kralik-Gasse 4/6/48
Homepage: www.legler.at
E-Mail: legler@legler.at

LITERATURLISTE

Bach, Susan
Spontanes Malen und Zeichnen im neurochirurgischen Bereich. Ein
Beitrag zur Früh- und Differentialdiagnose
Schweizerisches Archiv f. Neurologie, Neurochirurgie und
Psychiatrie 87/ 1961

Bach, Susan
Spontanes Malen schwerkranker Patienten.
Basel: Geigy S. A. 1966

Bachmann, Helen
Malen als Lebensspur. Die Entwicklung kreativer bildlicher
Darstellung
Klett-Cotta, 2. Aufl. 1988

Baumgardt, Ursula
Kinderzeichnungen - Spiegel der Seele.
Kreuz 1985

Legler-Guc, Anna
Maltherapie-Handbuch für Therapeuten, ISBN-3-8311-4121-5

Bender, Gabriele, Wunderlich Christoph
So erlebe ich meine Welt: Bilder und Geschichten eines behinderten
Mädchens
Freiburg, Herder, 1986 (96 S.)

Furth, Gregg M.
Heilen durch Malen. Die geheimnisvolle Welt der Bilder.
Walter 1991

Furth, Gregg M
Die Verwendung von Zeichnungen, angefertigt in einer Lebenskrise
Stuttgart: Kreuz 1982

Jacobi, Jolande
Vom Bilderreich der Seele. Wege und Umwege zu sich selbst.
Olten und Freiburg im Breisgau: Walter 1969

Koppitz, Elizabeth M.
Die Menschendarstellung in Kinderzeichnungen und ihre psychologische Auswertung.
Hippokrates 1972

Kraft, Christa B. u. Rohwer G.
Worte können nicht der Bilder Seele malen. Grundlagen zur Methodik und Praxis der Gestaltungstherapie/klinische Kunsttherapie.
Stuttgart 1993 Verlag DAGKT

Oster D.Gerald u. Gould Patricia
Zeichnen in Diagnostik und Therapie

Reichelt, Stefan (Hg.)
Verstehen, was Kinder malen: Sorgen und Ängste der Kinder in ihren Bildern erkennen – Ein Ratgeber für Eltern und Erzieher
Zürich, Kreuz, 1996 (191 S.)

Riedel, Ingrid
Maltherapie
Stuttgart 1992 Kreuz.

Schmeer, Gisela
Das Ich im Bild. Ein psychodynamischer Ansatz in der Kunsttherapie.
München 1992 Pfeiffer.

Schottenloher, Gertraud (Hg.) u. Schnell, Hans
Wenn Worte fehlen, sprechen Bilder: Bildnerisches Gestalten und Therapie (Bd.1 „Künstler als Therapeuten", Bd.2 „Reflexionen", Bd.3 „dafür und dagegen")
München, Kösel, 1994 (716 S.)

Slahel, Nelly
Das Erkennen seelischer Störungen aus der Zeichnung.
Erlenbach: Rentsch 1977

Windlöcher, Daniel
Was eine Kinderzeichnung verrät
München: Kindler 1974